L^{27}n 1930.

NOTICE

SUR

AMÉDÉE DE TALARU,

ARCHEVÊQUE DE LYON. 1415 — 1444.

NOTICE

SUR

AMÉDÉE DE TALARU,

ARCHEVÊQUE DE LYON,

1415 — 1444.

Par Antoine PÉRICAUD l'aîné.

ROANNE.

IMPRIMERIE DE F.-A. FERLAY.

1857.

ERRATA.

Ligne 9 de la note 3 : *Bromus*, lisez *Bromius*. — A la ligne suivante : *Lyacus*, lisez *Lyaeus*. — L. 3 de la note 9 : *dans le*, lisez *au*. — Les trois lignes de la note 18 devaient terminer la précédente ; la 18e, ayant trait au cardinal de Saluces a échappé à l'imprimeur ; la voici : Ce prélat mourut à Saint-Donat, en Dauphiné le 28 juin 1419 ; l'année suivante, son corps fut transporté à Lyon, où il arriva le jeudi avant les Rameaux ; il fut inhumé dans la cathédrale, à gauche du chœur. Il y avait son mausolée, où il était représenté à genoux, les mains jointes, et tenant un rouleau sur lequel on lisait : *Sola misericordia Omnipotentis salvum esse spero.* — L. 7 de la n. 43 : *Valeine*, lisez *Voleine*.

NOTICE

SUR

AMÉDÉE DE TALARU,

ARCHEVÊQUE DE LYON. 1415. — 1444.

> Le devoir de l'historien est
> de conter les choses com-
> me elles sont advenues.
> C. F. MENESTRIER.

Amédée était le second fils de Mathieu de Talaru et de Béatrix de Marcilly, dame de Chalmazel. Destiné dès son enfance à l'état ecclésiastique, son éducation fut surveillée par Jean de Talaru (1), son grand-oncle, cardinal-archevêque de Lyon. D'abord chanoine de Saint-Just, il fut ensuite reçu chanoine-comte de Saint-Jean (le 10 mars 1389), et pourvu plus tard de la dignité de chantre. En 1410, il fut délégué par le chapitre de Saint-Just pour assister à la nouvelle élévation que le cardinal de Turey, archevêque de Lyon, fit du corps de St. Irénée. Quatre ans après, l'estime qu'il s'était acquise par son savoir et ses brillantes

(1) Voyez sa notice dans la *Biogr. univ.*, tome 83, p. 142.

qualités, porta le chapitre de la Primatiale à le choisir pour son député au concile de Constance. Ce fut probablement en cette ville qu'il devint l'ami de Gerson ; mais nous ne saurions dire si, à l'exemple de cet illustre théologien, il se déclara contre Jean Huss (2).

Le siège épiscopal de Lyon était devenu vacant par la mort du cardinal de Thurey, arrivée le 28 novembre 1415 ; Amédée, dans une assemblée tenue le même jour, fut appelé à lui succéder. C'est à Constance que lui fut porté par le comte Henry d'Albon qui l'avait remplacé comme chantre, le verbal de son élection qui fut confirmée par le concile (3). Amédée se rendit immédiatement à Lyon, où il fut sacré le dimanche avant la Saint-Vincent, 16 janvier 1416 (4) par trois de ses suffragants, les évêques de Langres, de Châlons et de Mâcon ; ce-

(2) Quelques historiens modernes ont applaudi au supplice de Jean Huss; mais il en est un (son nom m'échappe), qui plus charitable, a dit qu'il eût mieux valu le condamner à finir ses jours dans un hospice d'aliénés que de lui faire expier ses aberrations sur un bûcher. — Voyez Henri Martin, *Histoire de F.*, v. 555.

(3) Le Laboureur. *Mazures*, tome 2, p. 141.

(4) Severt, *Archiepiscopi Lugd.*, p. 194 ; *Gallia Christ.* col. 175.— Une charte sur vélin conservée aux archives de la Préfecture du Rhône, donne pour date au sacre d'Amédée, le dimanche après (post) la S. Vincent 1416, qui répond au 24 janvier 1417 N. S. ; mais comme cette charte est sans signature, j'ai cru devoir adopter la date que donnent les auteurs cités en tête de cette note.

lui d'Autun n'ayant pas pu venir, se fit représenter par un de ses vicaires, Geoffroy de Thoissey, licencié en droit, doyen du chapitre. Amédée choisit pour son vicaire-général Hugues de Bron (5), et pour son official, Pierre Pape, oncle du célèbre jurisconsulte Guy Pape (6).

Dans un accord, qui se fit la même année par son intervention, entre le chapitre de Saint-Nizier et les prébendiers de cette église, notre prélat se qualifie ainsi : *Amedeus per misericordiam Dei primae Galliarum consecratus minister*, *Lugdunensis comes* (7).

Vers ce même temps, Geoffroy de Montchenu, qui avoit été élu doyen du chapitre de la Pri-

(5) Ce chanoine qui mourut le 24 janvier 1443, était fils de Jean, seigneur de Bron et de Marie de la Balme. — Bron, village du Dauphiné, sur la limite de la Guillotière, était encore, il y a tout au plus 30 ans, le jour de S. Denis, l'occasion d'une promenade pendant laquelle il était permis de s'adresser réciproquement les injures les plus grossières, sans que personne eût le droit de se plaindre. Feu A. Faivre prétendait que le nom de ce village venait de Bromus, un des surnoms de Bacchus, et que Lyon venait de Lyacus, autre surnom de ce dieu. C'était aussi lui qui prétendait que les Allobroges furent appelés Dauphinois, parce que, sous la conduite de Brennus, ils avaient pillé le temple de Delphes.

(6) Le P. de Colonia, Hist. Litt., II, 360. — Ce fut probablement après la mort de Pierre Pape, que M. de Talaru fit choix pour son official de Pierre Charpin, dont nous parlerons plus bas.

(7) La Mure, *Hist. ecclés.* de Lyon, p. 194.

matiale, en remplacement de Pierre de Montjeu, décédé le 31 mai 1414 (8), obtint la confirmation de cette dignité qui lui avait été disputée par plusieurs de ses collègues (9).

En février 1417, l'empereur Sigismond, qui avait déjà séjourné à Lyon en août 1415, revint en cette ville, et voulut, à la demande d'Amé de Savoye, ériger en duché le comté de Savoye ; mais prévenus de son dessein, les gens du roi s'y opposèrent. L'empereur « grandement indigné » se rendit à Montluel et y fit l'érection ducale par un diplôme daté du 19 février.

Les Viennois, qui, vers les premiers jours du même mois, étaient venus complimenter Sigismond, obtinrent de lui la confirmation de leurs privilèges ; il leur en accorda même de nouveaux en considération de ce que « Vienne » étoit la plus ancienne ville bâtie *au-delà des* » *monts* ; que la chambre du Saint-Empire y » existait ! et qu'elle possédait *le premier siége* » *épiscopal des Gaules* ; » mais sa charte, datée de Lyon le 4 février, ne reçut et ne dut

(8) Ce chanoine laissa pour son anniversaire, cent florins d'or à l'Eglise de Lyon. En 1400, il avoit été envoyé à Villefranche, pour recevoir, au nom du chapitre de la Primatiale, la foi et hommage que lui devait Louis de Bourbon, à cause des terres qu'il possédait dans le comté de Lyon. S. M. Lescoït.

(9) Cette confirmation fut obtenue par le cardinal de Saluces et par quatre autres chanoines de Saint-Jean qui étaient dans le concile de Constance.

recevoir en France et surtout en notre ville, aucune publication officielle.

En ce temps-là, saint Vincent Ferrier fit une nouvelle mission dans notre cité, puis il se rendit à Mâcon accompagné de 150 religieux de son ordre (10).

M. de Talaru n'avoit pas encore reçu le pallium ; il lui fut enfin remis (le 13 mai 1418) par Michel Stephani, archevêque d'Embrun, en vertu d'une bulle de Martin V, du 18 des calendes de janvier. Le 1er août suivant il se rendit à Genève, où il obtint de S. S. la confirmation des priviléges attachés à sa primatiale (11).

Le 28 juillet de la même année, mourut Jean du Bourg, docteur ès-lois, chamarier de l'église de St.-Paul (12). Le lendemain, le chapitre élut unanimement « par l'âme du Saint-Esprit, » Pierre Charpin dont l'élection fut confirmée par le Pape, le 1er août. Alors le service divin et la livraison des *palettes* (13) avaient été suspendus, à cause de la mortalité qui régnait dans la ville (14). On ne recommença la livraison des palettes que le premier dimanche de septembre.

(10) Voyez Courtépée, Duché de Bourgogne, I, 169, et nos Documents, au 2 février 1417.

(11) Actes capit. de S. Jean ; Saint-Aubin, **Hist. ecclés.** p. 172.

(12) Il laissa pour héritier Pierre du Bourg, son frère, marchand d'Avignon.

(13) Mesure de farine.

(14) *Propter magnam mortalitatem in præsenti civitate Lugd.*

Le sept janvier suivant, le chapitre de Saint-Paul avait nommé à la sacristie vacante par la mort du sieur Pollier, Etienne Beley. Mgr. de Talaru avait fait défense d'y nommer, prétendant en avoir le droit. Instruit de cette nomitation, il se rendit immédiatement à Saint-Paul, et voulut forcer les chanoines à y renoncer; ceux-ci, par l'organe de Pierre Charpin, demandèrent à délibérer, attendu qu'ils n'étaient pas en chapitre. L'archevêque les pressa et leur fit deux monitoires, voulant qu'ils répondissent tout de suite; enfin il leur donna un petit quart d'heure pendant lequel ils s'assemblèrent et arrêtèrent unanimement d'appeler au Saint-Siége et au Pape. L'ayant déclaré à l'archevêque, celui-ci les menace de ses censures. Alors Pierre Charpin lui dit : *Ego dixi quod Ecclesia sancti-Pauli erat consecrata manu Angeli aut divina et non humana, et sic per hominem non poterat interdici sane, nec pollui, cum non posset manu humana reconciliari.* M. de Talaru se retira, excommunia le chamarier, le sieur Beley et les chanoines qui avaient participé à l'élection; il fit même publier l'excommunication au chœur de Saint-Paul. L'appel y fut aussi publié avec protestation. On ne cessa pourtant pas d'y célébrer l'office divin, et l'interdit ne fut pas observé à cause de l'appel. Le 12 janvier, cinq jours après cette scène, il y eut compromis pour terminer ce débat, et il n'en fut plus parlé (15).

(15) Extrait des *Variétés hist.* de l'abbé Sudan. Ms. in-4º.

Dans le cours du même mois, le chapitre de la primatiale ayant appris que le Dauphin, qui avait pris le titre de régent du royaume pendant la maladie de son père, se disposait à venir à Lyon (16), arrêta que le Doyen lui ferait le fief, au nom du chapitre, et que le Dauphin, comme Dauphin, rendrait celui qu'il doit à l'église de Lyon.

En septembre suivant, M. de Talaru, le bailly, le clergé, les gens de justice et le consulat, écrivirent aux Mâconnais, pour les engager à se mettre sous l'obéissance du régent.

Le 20 juillet précédent notre archevêque fit dans l'église de Saint-Paul, la bénédiction d'une cloche qui fût appelée *Marie* ; elle eut pour parrain (*compater*) Léonard Caille, et pour marraine (*commater*), Marguerite, femme de Jean Caille.

Vers ce même temps, Jean Gerson, qui, pour échapper à la fureur de ses ennemis, s'était réfugié en Allemagne, quitta la Bavière, et vint chercher un asile plus agréable et non moins sûr dans notre ville, auprès de son frère, qui était prieur des Célestins. Il y resta quelque temps, puis, il vint habiter le cloître de Saint-Paul (17).

(16) Lyon avait alors pour gouverneur Gilbert de La Fayette, qui défendit notre ville contre le duc de Bourgogne. Par ordonnance datée de Troyes, le 8 novembre 1419, Charles VI nomma Jean de La Baume, son lieutenant-général en Velay, Gevaudan, Vivarais, sénéchaussée de Lyon, etc.

(17) On lit dans un acte capitulaire de Saint-Paul :

Le chapitre de la Primatiale, instruit de la mort du cardinal de Saluces (18), archidiacre de l'Eglise de Lyon, donna, sur la demande que lui en fit le sénéchal Humbert de Grolée, son canonicat à Pierre de Grolée, et conféra la dignité d'archidiacre à Guillaume de Talaru (19), chantre de l'Eglise. Mgr. de Lyon qui prétendait avoir le droit de collation, fit quelque opposition ; il y eut même un procès qui paraît avoir été terminé à l'amiable.

Un acte capitulaire de l'église de Saint-Paul, du 15 septembre 1420, nous apprend qu'il y

« Aujourd'hui, Maistre *Jehan* de Jarsonio, chancelier
» de l'Eglise de Paris, a renoncé dans les mains du
» Chapitre, au canonicat de cette église qu'obtenait Mais-
» tre Gérard Macheti ; pour cause de permutation avec
» M. Jacques de Ciresio ; ce qui est accepté. » Un autre acte du même Chapitre, nous apprend que Gérard Macheti, maître en théologie et chanoine de Paris, avait été reçu en personne chanoine de Saint-Paul, le 31 mars 1419, et qu'il fut mandé par le Dauphin le 4 octobre. En mai 1422, il était confesseur du Dauphin, et le 28 mai de l'année suivante, il se fit excuser pour sa résidence (dans le cloître de S.-Paul) parce qu'il était confesseur du roi. Notes S. de l'abbé Sudan.

(18) Jacques de Ciresio, chanoine de Saint-Paul mentionné ci-dessus. Il fut le secrétaire et le copiste de Gerson, qui l'emmena avec lui en Allemagne et dans ses voyages. Biogr. de MM. Didot, art. GERSON.

(19) Il était fils de Mathieu de Talaru et de Jeannette de la Palud ; trois autres de ses frères furent aussi comtes de Lyon. Amédée était leur oncle.

eut, comme l'année précédente, mortalité à Lyon pendant l'été. Le chapitre permit à un de ses dignitaires, Barthélemy Chevrier, de sortir de la ville ou de résider à Saint-Just, sans être tenu pour absent. Les chanoines de la Primatiale sortirent-ils aussi de la ville ? Nous l'ignorons ; mais ce que l'on voit par un autre acte des registres de Saint-Paul, c'est que, vers les premiers mois de 1422 (20), l'excommunication des chanoines de Saint-Jean et l'interdiction de la Grande-Église étaient poursuivies par Jean de Grolée, auquel le chapitre avait refusé un canonicat et la custoderie vacante par division, parce que, se fondant sur l'ancienne noblesse de sa maison, il avait refusé de faire sa preuve.

En 1422, les Rogations devaient commencer le 18 mai. Les trois chapitres de Saint-Paul, de Saint-Just et de Saint-Nizier, firent devant Maître Pierre Rive, secrétaire de l'archevêché, une protestation tendant à ce que tout ce qui se ferait pendant ces Rogations, à cause de l'excommunication des chanoines et de l'interdit mis sur la Grande-Église (Saint-Jean), ne portàt préjudice à personne ; puis il fut arrêté que toutes

(20) On lit dans les mêmes registres, à la date du 17 mai 1421, que Jean de Belleville, chanoine très-jeune et ne sachant pas lire, fut dispensé de faire le sermon jusqu'à la Saint-Jean ; il devra en attendant apprendre le dit sermon ; Pierre de Belleville, son père, s'engagea pour lui ; toutefois ce ne fut que le 20 octobre qu'il fit le sermon promis.

les processions viendraient en l'église de Saint-Paul ; que ceux de Saint-Jean amèneraient, en venant, les bannières de Saint-Georges et de Saint-Romain, ainsi que celle de Sainte-Croix qui se trouvait alors (à cause de l'interdit) dans l'église de Saint-Alban (21), de sorte que le maître du chœur de Saint-Just et le sacristain de St-Paul porteraient avec le sous-maître de ces églises, les cannes, et dirigeraient la procession ; que, le premier jour, les chanoines de Saint-Just procureraient les officiants, et feraient dire la messe dans leur église ; que le second jour, ceux de Saint-Paul, et le troisième, ceux de Saint-Nizier feraient de même. Il en fut ainsi ; M. de Talaru honora de sa présence les trois processions ; les incorporés et les desserviteurs de la Grande-Eglise y assistèrent aussi (22).

D'autres motifs que les débats qui s'étaient élevés entre Jean de Grolée et les chanoines de la primatiale contribuèrent peut-être à leur excommunication et à l'interdit de la Grande-Egli-

(21) Cette église, ou plutôt cette chapelle, était voisine du palais de Roanne. Vers 1750, elle fut fermée parce qu'elle tombait en ruine ; jusqu'alors on y avait célébré la messe du Saint-Esprit à la rentrée des tribunaux, et les clercs de la Bazoche y faisaient chanter une grand' messe le jour de saint Yves. Elle a été démolie quand on a construit le nouveau palais de justice. Voyez l'*Alm. de Lyon* de 1648, p. 48; celui de 1754, p. 27, et la *Notice sur l'édification du Grand-Théâtre et du nouveau Palais de Justice*, par M. Bellin.

(22) *Analyse des Act. Cap. de S. Paul* par l'abbé S.

se ; car il est à présumer que, dans ces temps de mortalité, de troubles et d'anarchie, la plupart des chanoines appartenant aux premières familles du royaume, étaient sortis de la ville pour se retirer chez leurs parents. Alors, le seigneur de Rochebaron avait introduit dans le Forez des troupes de différentes nations qui guerroyaient pour le duc de Bourgogne. Quoi qu'il en soit, trois ans après, Jean de Grolée fit sa preuve, fut reçu chanoine, et pourvu en même temps de la grande Custoderie (25).

A son retour de Constance (24), M. de Talaru « en haine de plusieurs procès et *broillis* qu'il eut à l'encontre du corps de ville, « fit ôter de la porte de Saint-Marcel (24 bis) les armoiries de la ville. En 1422, les échevins s'en plaignirent au roi, qui les autorisa à les rétablir; mais Jean le Viste, lieutenant du bailli de Mâcon, prenant parti pour l'archevêque,

(23) Déjà trois membres de cette famille avaient été comtes de Lyon: Guy, en 1318 ; Aymard, en 1406 ; Pierre, en 1419. Un 4e, Humbert, fut reçu en 1446. Voyez Guichenon, *Bresse et Bugey*, continuation de la 3e partie; Severt, p. 352 et 365; *Biogr. Lyonn.* p. 136.

(24) Le concile ouvert en novembre 1414, fut fermé le 22 avril 1418.

(24 bis) Voyez Paradin, *Hist. de Lyon*, p. 411 ; Rubys, p. 434 ; les *Arch. du Rh.* VII, 345.—La porte Saint-Marcel (au bas de la côte des Capucins du Petit-Forêt), existait encore à la fin du dernier siècle. L'église dédiée à ce saint, ainsi que celle des Capucins, furent converties en salles de spectacle avant leur démolition.

refusa d'exécuter les ordres du roi. Les échevins se pourvurent au Parlement, qui siégeait alors à Poitiers, et obtinrent un arrêt qui leur donna gain de cause ; il fit plus, il cassa l'interdit fulminé par Martin V, contre la ville, à la sollicitation de M. de Talaru, et il déclara que cet interdit ne serait point gardé.

Par lettres datées du château de Pierre-Scise, le 17 mars 1424 (n. 5.) et rapportées par La Mure (25), Amédée permit à Jean Petit, curé de Roanne (26), de construire une nouvelle maison curiale sur la place voisine du château de Fontenilles.

Pendant que les Anglais et les Bourguignons faisaient trembler la France, Charles VII obtint du duc de Milan un renfort de cinq cents lances et de mille archers. « En arrivant à Lyon, dit M. de Barante, cette troupe conduite par Humbert de Grolée (sénéchal de Lyon), s'était portée au château de la Bussière, près de Mâcon, le jour même où le sire de Toulongeon, maréchal de Bourgogne, devait y entrer ; car le gouverneur du château devait rendre la place pour ce terme, s'il ne lui arrivait pas secours. Selon l'usage, le maréchal, au jour prescrit, mit la troupe en bataille pour tenir journée, et attendre ceux qui se présenteraient au secours de la forteresse. Tout-à-coup les Lombards et les Lyonnais tombèrent sur la

(25) *Hist. ecclésiastiq. de Lyon*, p. 365.
(26) Jean Petit fut plus tard évêque de Mardès *in partibus*.

troupe, qui fut taillée en pièces, et le sire de Toulongeon fut fait prisonnier (27). »

Malgré cette victoire, les alarmes auxquelles Lyon était depuis longtemps en proie ne tardèrent guères à devenir plus sérieuses qu'elles ne l'avaient été jusqu'alors. Les troupes rassemblées par le duc de Bourgogne laissaient partout où elles passaient des traces de leur brigandage. Il y eut, dans notre ville, en 1424, deux terreurs paniques, l'une en avril et l'autre en septembre (28). A cette dernière

(27) *Ducs de Bourgogne*, V. 199. — Voyez aussi Monstrelet, liv. 2. chap. XI; l'abbé Velly, tome 14, p. 289. Les vers suivants que je crois inédits et qui sont extraits d'un registre des Archives de Mâcon, m'ont été communiqués par M. G.

  L'an mil iiijc xxiiij
  En septembre le xxiiij
  S'en vindrent Borgongnons combattre
  A l'encontre de la Buyssire
  La firent ardoir et abattre
  Tellement que l'on peut bien dire
  Jadis fut icy la Buyssire.

(28) Voyez nos *Documents sur Lyon*, année 1424. — Le couplet suivant est joint à celui que nous avons cité plus haut, dans le registre des actes municipaux de Mâcon :

  En l'an mil iiijcxxiiij
  En octobre le xxiij
  A Mascon vint le duc de Borgogne
  Que Dieu mantigne sans vergogne
  Qui par force d'armes gitat
  Du chastel de la Roche Buffart
  Jacquet Aubel son compagnon

époque, Humbert de Grolée pressait la ville de payer les aides royales. Le Consulat le supplia de surseoir, attendu les circonstances qui obligeraient peut-être d'employer les deniers pour les fortifications de la ville, sauf ensuite à le payer, si le roi l'exigeait. « Car, disait le Consulat, plus bel service ne peut-on faire que de garder sa ville ? » Les fortifications furent en effet réparées, sous la direction du bâtard de Chalamont ; on fit rompre le pré du bourg de Saint-Vincent ; mais on prit l'engagement de payer le dommage qui pourrait être fait par ce barrage.

Quelle part prit alors le clergé dans les mesures qu'exigeait la défense de la ville ? Les actes capitulaires et ceux du consulat sont muets sur ce point ; cependant voici un fait dont il n'est pas fait mention dans nos annales et qui nous est signalé par M. Rossignol, archiviste de la préfecture de Dijon : « Il ne s'agissait rien moins, suivant lui, que de livrer cette année-là (1424), notre ville aux Bourguignons et au comte de Salisbury, d'égorger les partisans du Dauphin qui était à Bourges ; et de rendre les Anglais aussi forts sur le Rhône qu'ils l'étaient à Paris. Si cette conspiration eût réussi, le pauvre petit roi de Bourges aurait été écrasé. Les Anglais et les Bourguignons avaient des intelligences dans nos murs ; ils devaient y entrer

> Et plusieurs autres forts larrons
> Qui mains prodomes y ont meurtri
> Et fait du roc en bas salu.

par la porte de Pierre-Scise, dont Amédée de Talaru donnerait les clés... » Comment Lyon fut-il sauvé? M. Rossignol va nous l'apprendre : « Odette de Champdivers, surnommée la petite reine, était alors en Bourgogne dans un état voisin de la misère, errant, avec Marguerite la bâtarde de France (29), entre Saint-Jean-de-Lône et Dijon. Elle s'entendit avec frère Charlot, cordelier des bords de la Loire, dans l'église de Notre-Dame de Dijon, et lui conseilla d'aller immédiatement faire part à Marie de Berry, duchesse de Bourbon, de la conspiration sur le point d'éclater. Le moine passa la Loire, fut peu après, chez la duchesse, à Moulins, puis à Bourges. Le comte de Salisbury en fut pour ses frais.... »

Les pièces relatives à cette anecdote ont été adressées par M. Rossignol au Comité de l'histoire de France qui, dans sa séance du 15 mai 1854, a chargé M. Naudet de les examiner. Quand son rapport aura été publié, nous verrons quelle foi nous devons ajouter au témoignage d'Odette : en attendant il nous paraît difficile de croire que, malgré les démêlés qu'il avait eus avec les citoyens de Lyon, et même avec la cour de France, Amédée de Talaru, poussé par ses ressentiments, ait pu tremper dans un complot qui aurait eu pour résultat de livrer à la faction Anglo-Bourguignone la seconde ville du royaume.

(29) Voyez la *Biographie* de Didot, art. Belleville, et le Mémoire de M. Vallet de Viriville, inséré dans le *Moniteur* du 5 oct. 1854.

S'il fallait s'en rapporter aux actes de Rymer, Jean I de Bourbon, prisonnier des Anglais, aurait consenti, afin d'avoir sa liberté, à reconnaître Henri V pour roi de France, et à livrer les principales places du Bourbonnais, de l'Auvergne et du Forez ; mais chacun sait qu'il n'y a rien de plus suspect que les écrits des Anglais touchant ce qui concerne la France (30).

Quoi qu'il en soit, Lyon tint ferme, et grâces au courage de la milice bourgeoise et des troupes royales et Lombardes qui défendaient notre cité, une surprise de l'ennemi devint impossible. Ce fut alors que le consulat acquit, pour en faire l'hôtel-de-ville, une maison composée de deux corps de bâtiments prenant leurs jours, l'un sur la place de la Fromagerie et l'autre sur la rue Longue ; mais, suivant M. Cochard, il ne put en obtenir l'investiture de l'archevêque et du chapitre qu'en 1461, sous l'épiscopat de Charles de Bourbon (31).

Par ses lettres datées du château de Pierre-Scise, le 51 décembre 1424, M. de Talaru nomma Guichard Bastier juge de la cour séculière ; mais le 20 janvier suivant, par lettres datées du même château, il le remplaça par Pierre-le-Noir (32).

Le 5 du même mois de janvier 1425, une assemblée générale des notables du Lyonnais

(30) Achaintre. Maison de Bourbon, I, 152.
(31) Cochard. *Calendrier* pour 1829, p. 135.
(32) Le même, même page.

avait été tenue dans le réfectoire des Grands-Cordeliers ; le doyen du chapitre de Saint-Jean, Geoffroy de Montchenu, et Guichard d'Albon, furent élus d'une commune voix, députés à la cour de France tant pour la ville que pour le plat pays, afin d'obtenir le rabais de l'aide récemment octroyé à Poitiers ; mais cette démarche fut inutile, car on reçut presque en même temps l'ordonnance qui convoquait à Poitiers les trois états du royaume (55).

L'année suivante, vers la fin de juillet, le consulat supplia l'archevêque et les officiers du roi de se joindre à lui pour s'opposer à ce que l'on représentât le *Mystère de la Nativité de la Sainte-Vierge*, attendu que cette représentation pourrait être d'une grande charge à la ville, et dans le cas où elle aurait lieu, « d'obvier aux inconvénients qui pourroient en résulter. »

Le 9 novembre 1426, le consulat fit chanter aux Carmes, une messe du Saint-Esprit, afin qu'il plût à Dieu « d'avoir les affaires de la ville pour recommandées. »

En août 1428, le consulat cassa deux échevins, Guillaumes de Bannes ou de Bernes et Pierre Bullioud, parce qu'ils avaient plaidé contre la ville dans un procès qu'elle soutenait contre l'archevêque et le chapitre.

Le 22 avril 1429, le sire de Rotslaer, gentilhomme allemand, écrivit de Lyon au duc de Brabant : « Comment il apprit d'un conseiller

---

(33) M. Pavy, *Grands-Cordeliers*, p. 71.

et maître d'hôtel du seigneur Charles de Bourbon, qu'il se trouve actuellement auprès du roi, une jeune fille de la Lorraine, laquelle promet de délivrer Orléans; elle annonce qu'elle sera blessée d'une flèche, mais qu'elle ne mourra point ; que le Dauphin sera couronné à Reims l'été suivant (54), et plusieurs autres choses que le roi tient secrètes ; elle monte tous les jours à cheval, armée de pied en cap, la lance au poing comme les autres cavaliers ; Charles et ses fidèles ont confiance en elle (55).»

Parmi ces fidèles se trouvaient plusieurs notables Lyonnais, et entr'autres, le sire de Villars (56) et un officier de la cour, nommé Sala (57), probablement un des ancêtres de Pierre Sala, écrivain de la chambre du roi sous François Ier, auteur d'un ouvrage inédit, ayant pour titre *les Hardiesses des grands rois et des empereurs,* et dans lequel se voient celles de Charles VII ou plutôt de Jeanne d'Arc.

(34) Jeanne fit son entrée à Orléans le 29 avril 1429; elle fut blessée le 7 mai, et le roi fut couronné le 11 juillet. Lebrun des Charmettes, ***Hist. de Jeanne d'Arc***, I, 424.

(35) On conserve à la B. Imp. l'autographe de cette lettre.

(36) Quand Jeanne était à Chinon, le sire de Villars et Jamet de Tilloy s'échappèrent d'Orléans pour aller auprès d'elle, et, après une conférence qui dura deux jours, ils la présentèrent au roi.

(37) Voyez les ***Mss. franç. de la B. du Roi***, par M. Paulin Paris, II, 213, 18 , 90, 91 ; l'***Histoire de France*** de H. Martin, VI, 582; ***La Biogr. Lyonn.*** p. 268.

Au mois de novembre de cette même année, la vierge de Donrémi était à Moulins (38); alors elle voulait quitter le service du roi ; mais on l'en dissuada. Vers le même temps, Charles, de l'avis de son conseil, avait résolu de venir à Lyon avec sa cour; mais Jeanne l'en détourna et « nous éloigna, dit Saint-Aubin, de ce bonheur pour nous en causer un plus grand (59).

Après la mort de Gerson, arrivée le 12 juillet 1429 (40), M. de Talaru adressa au prieur des Célestins, frère de l'illustre défunt, une lettre de condoléance, dans laquelle, payant un juste tribut d'éloges au pieux chancelier, il assure qu'il n'a connu personne qui l'égalât; puis il ajoute que Gerson avait subi un long exil pour la vérité, et qu'il en fut le martyr. Il compare l'éclat de sa doctrine et de ses vertus à la clarté resplendissante du jour (41).

(38) Voyez la lettre de Jeanne, p. CIV de la *Farce de Pathelin*, édit. de 1853.

(39) *Histoire civile de Lyon*, p. 76. — Quand, sur l'ordre de Caliste III, le procès de Jeanne fut revu, 150 témoins oculaires furent entendus, à Rouen, à Lyon, à Donremy, etc.

(40) Thevet, *Histoire des savans hommes*, chap. XXXI, met par erreur la mort de Gerson au 12 juin; il lui donne deux frères célestins à Lyon.

(41) Voyez la *Biogr. Lyonn.*, art. Gerson, et ajoutez à la liste des auteurs à consulter : Symph. Champier, *de Claris Lugdunensibus*; du Verdier, *Prosopographie*, p. 465; Joly sur Bayle, p. 804. — On sait que Gerson passa les dernières années de sa vie à enseigner le catéchisme *aux enfants* ; mais peu de gens savent

Cette même année, les Juifs de Trévoux, accusés de maléfices par les habitants de cette ville, furent chassés de Trévoux : une commission nommée par la princesse de Dombes (42) et par M. de Talaru (43), fut chargée d'instruire leurs procès.

Vers ce même temps, Amédée, pour se conformer aux dispositions testamentaires de Jean de Talaru, son oncle, fonda le prieuré de Saint-Martin de la Chana ; il y mit sept ou huit bénédictines. Nommée prieure de ce monastère, Marguerite de Villars se rendit à la cathédrale le 25 mars 1450, et y prêta serment de sou-

---

que Rabelais, nommé en 1545, à la cure de Meudon, la remplit avec beaucoup de zèle et d'édification jusqu'à sa mort. « Attentif à instruire son peuple, il se ré-
» duisoit à enseigner *aux enfants le plain-chant*
» qu'il possédoit parfaitement. » Niceron, XXXII, p. 361.

(42) Marie de Berry, duchesse de Bourbonnais, mourut à Lyon, en juin 1434 ; mais son corps fut transporté à Souvigny, où elle fut inhumée dans la chapelle des seigneurs de Bourbon ; leurs tombeaux n'ont pas été violés. P. Paris, *Manuscrits franç.* de la B. R. VII; 247.

(43) Pierre Charpin, docteur en décrets, chamarier de l'église de Saint-Paul, official et grand-vicaire de l'Archevêque, un des commissaires délégués pour ce procès, ne put se rendre à Trévoux, « pour raison de quelque indisposition » ; il se fit représenter par un avocat nommé Jean Chalon. Paradin, **Hist. de Lyon**, p. 246; *Biogr. Lyonn.* p. 67; Morel de Valeine, *Recueil de docum. pour servir à l'hist. de l'ancien gouvernem. de Lyon*, p. 99.

mission et d'obéissance à la Sainte-Eglise et au siége de Lyon, entre les mains de Geoffroy de Montchenu, doyen du chapitre, d'Henry d'Albon, chantre, et de trois autres chanoines (44).

Vers les premiers jours de juin de cette année, les Lyonnais furent en proie à de nouvelles frayeurs; mais la bataille d'Anthon (45), gagnée le 11 de ce mois par le sire de Villandranda et le sénéchal Humbert de Grolée, vint les rassurer. Les chants de réjouissance composés à cette occasion contenaient probablement des vers licencieux, car la police épiscopale fit défense de les chanter ; mais une ordonnance royale datée de Poitiers, le 17 juillet, rendit la voix aux habitants de Lyon et défendit aux officiers de l'archevêque de « mettre à amende ceux qui chanteroient ces chansons. »

Les réjouissances duraient encore lorsque le cardinal de Sainte-Croix, Dominique Capranica, qui se rendait auprès de Charles VII, en qualité de légat du Pape, fit son entrée à Lyon. Le chapitre de la primatiale fut à sa rencontre avec la chappe, la croix, le bâton pastoral et

---

(44) Le P. Menestrier a consigné le verbal de ce serment dans son Parchemin. — Severt, p. 354, rapporte un serment de foi et hommage prêté au chapitre, la même année, par Pierre, abbé de N. D. de Joug-Dieu.

(45) Une relation de cette bataille se trouve dans l'ouvrage d'Aymard du Rivail, *de Allobrogibus libri novem*, publié par A. de Terrebasse, en 1834, et traduit, quant à la partie géographique, par M. Antoine Macé, en 1852.

la mitre. Ce prince de l'Eglise était accompagné de son secrétaire, le jeune Piccolomini, qui, prévoyant déjà la renaissance des lettres et des arts, se faisait appeler Aeneas Silvius (46), sans se douter alors qu'il prendrait plus tard un troisième nom, celui de Pie II, en parvenant par son mérite et ses vertus sur le siége apostolique.

Le 26 février 1452, il y eut à Bourges une assemblée du clergé de France convoquée par le roi, qui, dans les circonstances critiques où se trouvait la France, avait résolu de prendre conseil des évêques dont les diocèses n'étaient pas encore envahis par les Anglais ou leurs alliés (47). Amédée, dans cette assemblée, fut désigné pour se rendre à Rome auprès d'Eugène IV, afin de le dissuader de dissoudre le concile ouvert à Bâle le vingt-un juillet précédent. Il eut beaucoup de peine à se charger de l'ambassade : la mission lui paraissait difficile, la route longue et coûteuse, l'air de Rome contraire à sa santé. Déterminé cependant à

---

(46) Plusieurs éditions de ses *Epistolæ* ont été publiées à Lyon; nous en avons signalé trois dans notre *Bibliogr. Lyonn.* du XVe siècle ; peut-être aurions-nous dû y placer *l'histoire des deux vrays amants*, par Anthitus, imprimée par Olivier Arvollet, et décrite par M. Brunet, I, 24. — Voyez aussi Papillon, *Biblioth. de Bourgogne*, p. 3.

(47) La Hire, qui était alors prisonnier des Anglais, s'adressa aux Lyonnais, par une lettre du 27 janvier, afin qu'ils lui aidassent à payer sa rançon. Voyez les *Mél.* de M. Bréghot du Lut, p. 473.

partir, il écrivit auparavant à l'évêque de Lausanne, Louis de la Palu, qui était au concile, une lettre qui nous apprend qu'un chanoine de Liége, Jean Dumond, envoyé du Pape, était venu à Lyon pour le presser, lui et ses suffragants, d'accepter la translation du concile à Bologne, mais qu'il tint ferme pour la ville de Bâle. Cette lettre, pleine d'anecdotes, taxe quelques Français chargés des affaires de France à Rome, de s'être laissés gagner par les bienfaits de la cour romaine en faveur de la translation ; Amédée s'excuse ensuite d'aller à Bâle, protestant aux Pères du concile qu'il leur rendra plus de services en France ou à Rome que s'il était parmi eux ; il finit par leur conseiller de traiter avec le Pape d'une manière douce et modeste : « Car enfin, ajoute-t-il, c'est un hom-
» me recommandable par l'intégrité de sa vie;
» c'est le chef de l'Eglise, et si ce chef est dé-
» gradé, il faudra que les membres deviennent
» arides et infructueux (48). »

Les efforts de Charles VII pour réconcilier Eugène avec les Pères du concile furent bientôt couronnés du succès. Le nombre des prélats qui se rendaient à Bâle, au commencement de 1434, fut très considérable. Amédée y figu-

(48) Le P. Berthier, *Hist. de l'Eglise Gallicane*, XVI, 200 — 202. — Suivant Juenin, Amédée aurait été un des ambassadeurs envoyés par le Concile à l'empereur et au patriarche de Constantinople pour la réunion des Grecs à l'Eglise Catholique. *Hist. de Tournus*, p. 216.

re en tête de l'ambassade de la cour de France. Un chanoine comte de Lyon, Louis d'Alleman, cardinal-archevêque d'Arles, « homme de bien,
» enchanté de l'idée de réforme qui régnait
» à Bâle, quitta secrètement la cour du Pape,
» s'enfuit sur une galère de Gênes, et vint se
» joindre au concile, dont il fut longtemps le
» chef et l'oracle (94). »

Dans le courant du mois de juin de cette année (1454), Charles VII fit une entrée solennelle à Lyon. M. de Talaru se rendit avec tout son clergé au devant du monarque, qui, en entrant dans la cathédrale, prit la chappe et l'aumusse, qu'il porta jusqu'au grand autel (50).

Quelques jours avant l'entrée de Charles, mourut à Lyon Marie de Berry, duchesse de Bourbon, princesse de Dombes. On lui fit de magnifiques funérailles et sa dépouille mortelle fut conduite en grande pompe à Souvigny, où elle fut inhumée près de son troisième mari, dans la chapelle des seigneurs de Bourbon (51).

(49) Le P. Berthier, Hist. déjà citée, p. 240.

(50) Vers ce même temps, Antoine Astesan, secrétaire de Charles d'Orléans, vint à Lyon. Voyez notre *Notice sur Charles de Bourbon*, cardinal-archevêque de Lyon, p. 11.

(51) Voyez Rubys, p. 337, et P. Paris, *Mts. Franç.* de la B. du roi, VII, 257. Il est à remarquer que les tombeaux de la chapelle de Souvigny n'ont pas été profanés en 1793, et que celui du cardinal de Bourbon petit-fils de Marie de Berry, a également échappé aux Vandales de 1562 et de 1793. Voyez notre Notice sur ce prélat, p. 48.

Après le départ du roi, Amédée retourna à Bâle et demanda au concile qu'il lui fût permis de contraindre Philippe de Bourbon, baron de Beaujeu, prince de Dombes, à faire fief et hommage à l'église de Lyon, pour les châteaux, terres et dépendance de Trévoux, Chalamont, Beauregard, etc. Le concile, sur le rapport d'Albert de Valentrapp, chantre de l'église de Liége, décida que Philippe de Bourbon ne ferait hommage que pour les châteaux de Chalamont et de Beauregard (52).

Malgré l'opposition des légats du Pape, le concile, dans sa 21ᵉ session, tenue le 9 juin (1435), avait aboli les annates; l'archevêque de Rouen, Hugues d'Orge, n'avait pas encore pu achever le paiement de la sienne, et le Pape lui refusait le pallium. Les Pères de Bâle ordonnèrent à l'archevêque de Lyon de faire en cette occasion, pour une fois seulement, les fonctions du Pape. « Comme vous êtes, lui dirent-ils, le primat des Gaules, et qu'en cette qualité vous avez les mêmes droits que les patriarches, n'y ayant d'autre différence entr'eux et vous que le nom, vous pouvez donner le pallium à l'archevêque de Rouen, comme les patriarches d'Orient le donnent aux métropolitains de leur dépendance (53). »

(52) La Mure, *Hist. eccl. de Lyon*, p. 195; *Gallia Christ.* IV, 175; Dutems, IV, 177 ; Moréri, art. Talaru (Amédée de); Delandine, Mss. de la B. de Lyon n. 1258.

(53) Le P. Berthier, livre déjà cité, p. 253.

En novembre suivant (1435), l'official de l'archevêché de Lyon fut député au roi pour demander, entr'autres choses, que le concile fût transféré de Bâle à Lyon. Charles VII agréa cette demande, et chargea l'archevêque de Vienne et Messire Symond Charles, chevalier de l'hôtel du roi, de se rendre à Bâle pour solliciter cette translation; mais leurs démarches n'eurent aucun succès.

Amédée, durant le concile, se fit entendre assez souvent, tandis que d'autres prélats y gardèrent longtemps un silence qu'ils finirent par rompre tout-à-coup. Prenant alors occasion de s'égayer à leurs dépens: « Voilà, dit-il, plus
» de sept ans que je suis à Bâle, et jamais je
» n'avais vu un tel miracle : les sourds enten-
» dent, les muets recouvrent la parole, ils pa-
» raissent même diserts et éloquents (54). »

En 1438, notre prélat se rendit à Bourges, où Charles VII avait convoqué tout ce qu'il y avait de grand et de respectable dans l'église et dans l'état pour y délibérer sur la Pragmatique-Sanction que son conseil avait dressée, et qui se composait en majeure partie, de plusieurs décrets du concile de Bâle. Le clergé de France s'empressa de l'adopter, et surtout celui de Lyon, où elle resta en vigueur jusqu'au concordat entre Léon X et François Ier (55).

(54) *Hist. de l'Eglise Gallicane*, déjà citée, XVI, 317. —

(55) Voyez Gouget, *Biblioth. franç*. X, 52 et suiv. et notre *Bibliogr. Lyonn.* du XVe siècle, où nous

Vers la fin d'octobre 1440, Charles VII se rendit à Avignon. Pendant le séjour qu'il y fit, il obtint de Félix V pour M. de Talaru, le chapeau de cardinal, qui lui fut donné le 12 novembre. Felix ne pouvait être alors considéré comme un anti-pape, puisque son élection avait été confirmée par le concile (56). Toutefois il existe, au rapport de Sponde, quelques lettres d'Amédée qui témoignent de son zèle pour les intérêts du pape légitime, Eugène IV, et de l'aversion qu'il avait conçue pour le schisme.

Les Pères du concile se séparèrent en mai 1445, et M. de Talaru revint dans son diocèse. Prévoyant sa fin prochaine, il fit son testament le 19 juillet, et le 11 février de l'année suivante, la 50° de son épiscopat, il passa de vie à trépas et fut inhumé en son église, dans la chapelle de Saint-Pierre, fondée par Jean de Talaru, son oncle (57).

Les belles vitres que l'on admirait encore en 1790, dans l'église de Saint-Etienne et qui représentaient le martyre du premier des confesseurs de la foi, avaient été faites aux frais de notre prélat.

La Mure s'est trompé quand il a dit que l'on trouve encore des Missels à l'usage de Lyon, *imprimés* sous l'autorité de Mgr. de Talaru; ces Missels ne pouvaient être que manuscrits:

avons décrit trois éditions de la *Pragmatique* publiées à Lyon, de 1487 à 1500.

(56) La Mure, *Hist. Ecc. de Lyon*, p. 195.
(57) Quincarnon, sur Saint-Jean, p. 63.

l'imprimerie ne fut introduite en France que sous Louis XI, et avant 1445, nul ne se doutait que la ville de Mayence devait bientôt enfanter ce bel art.

Paradin a beaucoup loué Amédée de Talaru et lui a consacré sept chapitres dans le second livre de son *Histoire de Lyon*. Nous laissons à d'autres le soin de reproduire tout ce que nous n'en avons pas extrait.

Nous renvoyons ceux qui voudraient parler d'une femme de Bourg en Bresse qui tirait au moins trois âmes par jour de l'enfer, 1° au traité de Gerson *de Examinatione doctrinarum*, p. 19, tome 4 de ses OEuvres ; 2° au *Dictionnaire de Jurisprudence* de Prost de Royer, art. Affronteuse ; 3° au *Ménagiana*, tome 4, p. 19.

Sous l'épiscopat d'Amédée et le 24 mars (57) 1437, mourut à Boulogne ou à Genève, le cardinal Jean *Dupuis* (58) de la Rochetaillée, un

(57) Et non le 24 avril, comme l'a dit par erreur un écrivain moderne. Tous les biographes exacts disent le 24 mars, et sont d'accord en cela avec Frizon, qui donne ainsi cette date : *Dominica in albis, die nona calendas aprilis*. Or en 1437, le dimanche des Rameaux se trouvait le 24 mars. Voyez aussi la *Biogr. Lyonn.*, p. 225.

(58) « Les premiers qui en ont parlé ayant ignoré le
» surnom de *Dupuy* (que l'on a découvert après) qui
» fut le nom de sa famille, lui imposèrent celui de Ro-
» chetaillée, village où il reçut la lumière » (Quincarnon sur Saint-Jean, p. 51.) — Spon livre 2 de son *Hist. de Genève*, l'appelle Jean de Pierre-Scisc. M. de Blavignac lui donne aussi ce nom dans son *Armorial*, tome 7, p. 51

des plus illustres prélats de son siècle. Né de père et mère inconnus, on a supposé qu'il était fils d'un pêcheur de Rochetaillée, près de Lyon, et, supposition encore plus hardie , lorsqu'un touriste se promène dans ce village, on ne manque jamais de lui montrer les ruines de la maisonnette où naquit ce grand homme. Suivant un passage cité par Severt (p. 554) du livre des *Fondations de l'Eglise de Lyon* , Jean de la Rochetaillée fut chanoine de cette église, ce qui témoigne qu'il était gentilhomme et fils de bonne maison. Son corps, ajoute-t-il, fut transporté à Lyon et déposé au milieu du chœur de la cathédrale. Quincarnon (sur Saint-Jean , p. 52) , rapporte que, « à la façon des cardinaux, » il avoit fondé quatre anniversaires.

Le document qui suit est extrait du Parchemin du P. Menestrier : « En 1459, des lettres furent adressées par le Synode général de Bâle, à Louis (59), prêtre cardinal et vice-chancelier, dans lesquelles il est dit que le prieuré de Saint-

des *Mém. de la Soc. d'Hist.* et *d'Archéologie de Genève.* Moréri le suppose fils d'un *vigneron*; il serait curieux de découvrir quel est le premier qui a dit que son père exerçait *le métier de la pêche*. La liste des comtes de Lyon nous offre deux Etienne de Rochetaillée, reçus chanoines , le 1er en 1151, le 2me en 1302. — Un Jean de Rochetaillée ou de la Rochetaillade se rendit fameux par ses prédications au 14e siècle. Voyez Joly sur Bayle, p. 698 , et l'*Hist. de l'église Gallicane*, livre XXXIX.

(59) Peut-être Louis Alleman , archevêque d'Arles, chanoine-comte de Lyon, mort vers 1450.

Irénée étant en l'administration de Guillaume de Chaveria, protonotaire séculier, ne faisant profession d'aucun ordre, ce prieuré serait remis à un religieux auquel le titulaire en ferait cession. D'autres lettres du même Synode déclarent que l'élection devra se faire par les religieux et par les autres titulaires des prieurés dépendant de Saint-Irénée, et qu'elle sera ratifiée par l'archevêque de Lyon, selon les statuts. » En 1401, ajoute le P. Menestrier, les religieux de Saint-Irénée, avaient élu pour leur prieur André de Saint-Germain, qui occupait encore cette dignité en 1418.

Vers la fin de l'épiscopat d'Amédée, fut édifié sur le sommet du Mont-Cindre, une chapelle sous le vocable de *N. D. de tout pouvoir*. La garde en fut confiée à un célibataire, qui prit le titre *d'hermite*. Celui qu'on y plaça en 1690, ne vivait que de pain et d'eau ; il mourut centenaire et passait pour un saint. (*Alm. de Lyon* de 1760. art. MONT-CINDRE).

Nous avons rapporté ci-dessus un couplet sur la ruine du château de la Bussière. La prise de Tournus fut aussi le sujet d'une chanson où figure notre Humbert de Grolée. Juenin l'a donnée p. 267 des *Preuves* de son *Hist. de Tournus*, et Du Cange, au mot HOUSELLUS, en a cité six vers ; comme elle se trouve aussi avec quelques variantes dans les registres municipaux de Mâcon, nous la donnerons telle qu'elle se lit dans ces registres, volume 15 (60) :

(60) Nous en devons la communication à l'obligeance de M. de Stadler, inspecteur général des archives départementales.

L'an mil iiiic vint et dos
Fut prins Tornus et mis sur dos,
Le vint et trois iour de septembre.
De gens d'armes un tel grant nombre
Coût de **Grolée Humbert**,

Qui conduysait Cadep Bernet (*),
Frère du comte d'Armigniat
Et Hemery de Severat
Qui ont le pays désérité
Et mis du tout en poureté (**).

Compagnons de Luct et de Branges,
Tenez-vous fort ;
Ne faites pas comme Tornus
Qui a pris la mort.

A Cusure nous manderons
Qu'ils mettent bonne garnison ;
C'est un bon port ;
Pour bien garder notre païs
Nous fumes fort.

Point n'ont voulu de garnison,
Mais se sont moqués de Mascon
Dont ils orent tort.
Ils ont estés prins en leurs litz
Comme un port (porc).

(*) Voyez nos *Documents sur Lyon*, année 1422, p. 43.
(**) Ce vers manque dans le Ms. de Mâcon. Au lieu de désérité dans le vers précédent, Juenin a écrit *desoucé*.

Gentil capitain de Precí,
Et Michelet de Remili,
　　Nous vous voudrions
Pour Dieu prier soiés d'accors;
Que, se nul passe deça,
　　Ils soient mors.

O nobles bourgeois de Mascon,
Qui partout avés grant renom,
Gardez-vous bien de trayson :
　　Troupt estes fort ;
Ne faites pas comme Tornus
　　Qui a pris la mort.

Vous y avez un bel avis
Et si estes sages aussi
Loyaulx avés estés toutz diz :
　　C'est un grant loux (los) :
Ne faites pas comme Tornus
　　Qu'est mis sur dos.

www.ingramcontent.com/pod-product-compliance
Lightning Source LLC
Chambersburg PA
CBHW060515050426
42451CB00009B/989